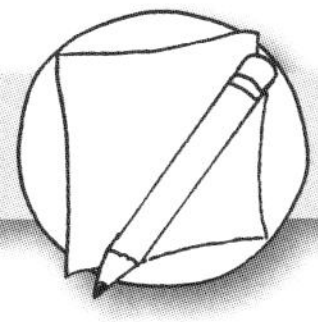

Inhaltsverzeichnis

W0345627

Schreibanlässe

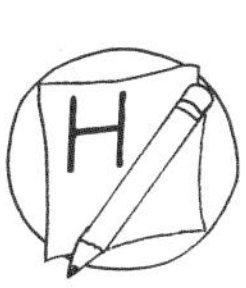

Liebe Kollegin, lieber Kollege,

die Aufgabenstellung, einen Text zu verfassen, stellt Kinder vor eine umfangreiche Aufgabe. Sie müssen Schreibideen entwickeln, ihre Überlegungen verständlich und strukturiert wiedergeben sowie Distanz zum Text einnehmen und sich in einen Leser hineinversetzen, um zu überprüfen, ob sie ihre Schreibabsicht auch erfolgreich umgesetzt haben. Vor allem aber müssen die Kinder den Mut aufbringen etwas zu schreiben. Denn in jedem Text, den sie verfassen, geben sie etwas von sich selbst preis.

Texteschreiben in den Klassenstufen 1 und 2

Um Textkompetenz in den Klassen 1 und 2 anzubahnen und zu fördern ist es deshalb vor allem wichtig, den Kindern Räume zu eröffnen, in denen die Freude am Schreiben geweckt wird und sie ausprobieren können, sich in ihren individuellen Möglichkeiten schriftsprachlich auszudrücken. Dies bedeutet, dass sie in ihrer Textproduktion nicht durch Textnormen gehemmt werden. Kinder konstruieren in ihren Texten nicht immer einen Spannungsbogen, der häufig als positives Qualitätsmerkmal für einen Schülertext gilt. Oftmals beschreiben oder berichten sie in ihren Texten, verarbeiten dabei eigenes Wissen oder werfen Fragen auf, was eine hohe Qualität darstellt und auch beim künftigen Schreiben im Erwachsenenleben gefordert wird. In Erzählungen lassen die Schüler mitunter das Ende offen oder neigen zu Wiederholungen, um Stimmungen auszudrücken oder Inhalte hervorzuheben. Dies sind ihre sprachlichen Mittel sich auszudrücken. Wichtig sind in dieser Altersstufe die Verständlichkeit und die Stimmigkeit des Textes, sukzessive kommen der Adressatenbezug und die Situationsabhängigkeit hinzu, was dann auch die angemessene Verwendung stilistischer Mittel bedeutet.
Jedem Schüler steht es also frei, seinen Text sachlich oder erzählend aufzubauen, d. h. seine Textsorte frei zu wählen.
Darüber hinaus ist es wichtig, dass die Schüler erfahren, dass Texte überwiegend für Leser verfasst werden und nicht als Selbstzweck. Dies bedeutet, dass ihre Schreibprodukte nicht nur von Lehrerinnen und Lehrern gelesen, sondern auch Mitschülern und Eltern zugänglich gemacht werden. Dadurch erfährt ihr Text eine Würdigung und ist Anknüpfungspunkt für die Kommunikation mit dem Leser. Vor allem der Austausch mit den Mitschülern bietet Ansätze, die Texte zu reflektieren und stellt somit einen ersten Schritt für Schreibkonferenzen dar.
In diesem Zusammenhang noch ein Hinweis zur Rechtschreibung: Texte, die einer Leseröffentlichkeit zugänglich gemacht werden, müssen lesbar, d. h. orthographisch korrekt sein. Während des Schreibprozesses beschäftigen sich die Schüler mit den Inhalten, die Einhaltung von Rechtschreibnormen tritt in den Hintergrund. Sie in dieser Phase auf korrekte Schreibweisen hinzuweisen, würde den Schreibprozess stören und wiederum die Motivation zum Schreiben mindern. So sollte die Korrektur stets erst erfolgen, wenn der Text geschrieben ist. Hier bleibt es der Einschätzung der Lehrkraft überlassen, ob von dem Kind gefordert werden kann, den Text nochmals abzuschreiben – handschriftlich oder am Computer –, oder ob sie die Aufgabe für die Kinder übernimmt.

Hinweise zu den Schreibanlässen

Die Schreibanlässe, die Sie in diesem Heft finden, sind bewusst offen gehalten, sodass jedes Kind seinen eigenen Zugang finden kann. Überwiegend wird ein Rahmen als Impuls vorgegeben, innerhalb dessen den Schülerinnen und Schülern noch ein individueller Entscheidungsspielraum bleibt, z. B. verschiedene Bilder, Satzanfänge u. Ä. Dies impliziert eine Differenzierung. Jedes Kind entscheidet sich nach seinen Vorlieben und Interessen und setzt sein Können um. Einige Schreibanlässe sind mit einer eigenen bildnerischen Gestaltung kombiniert, was für viele Kinder eine Hilfe darstellt, da sie beim Gestalten Ideen entwickeln, die sie später schriftsprachlich umsetzen. Die Impulse auf den Arbeitsblättern dienen als Hilfe für Kinder, die Mühe haben, eine Schreibidee zu entwickeln, sie müssen nicht jedem Kind zugänglich gemacht werden. Die Geschichtenanfänge sollten Kindern mit Leseschwierigkeiten vorgelesen werden. Bei den Gedichten ist es ebenfalls ratsam, sie vorerst im Klassenverband zu lesen und darüber zu sprechen. Auch das Schreiben zu Gegenständen sollte im Klassenverband vorbereitet werden, Hinweise dazu finden sich auf den Arbeitsblättern. Weitere geeignete Gegenstände für Schreibanlässe sind u. a. Steine, Stoffreste, Muscheln etc.
Die Schreibanlässe können unterschiedlich eingesetzt werden. Sie eignen sich als Aufgaben im Wochen- oder Tagesplan, was den Vorteil hat, dass jedes Kind individuell den Zeitpunkt des Schreibens wählen kann und somit Zeit und Raum hat, eigene Schreibideen zu entwickeln. Schreibanlässe zu selbst gestalteten Bildern können mit dem Kunstunterricht kombiniert werden, jahreszeitliche Schreibanlässe mit dem Sachunterricht.
Hinweise zu Möglichkeiten der Präsentation der Texte in Form von Büchern, Leporellos, Ausstellungen u. Ä. finden sich bei den Materialien.

Der Beobachtungsbogen

Im Beobachtungsbogen sind Teilkompetenzen erfasst, die die Schüler der Klassenstufe 1/2 erwerben sollen. Es ist ratsam, den Bogen für jeden Schüler mehrfach zu kopieren und kontinuierlich zu führen. So erhalten Sie eine gute Übersicht, können individuelle Probleme gezielt erkennen und aufgreifen sowie Entwicklungen beobachten und dokumentieren.

Förderung und Hilfen

Die Tipps zur Förderung beziehen sich auf mögliche Schwierigkeiten, die sowohl bei der Herangehensweise als auch während des Schreibens auftreten können.
Die vorliegenden Arbeitsblätter „Hilfen zur Förderung von Teilkompetenzen" umfassen folgende Bereiche: Texte strukturieren, Sätze bauen, Sprachspiele und Reime sowie Textüberarbeitung. Sie geben einen Einblick, wie häufig auftretenden Problemen begegnet werden kann.

Ich wünsche Ihnen und Ihren Schülerinnen und Schülern viel Spaß und Erfolg beim Arbeiten mit den Materialien!

Ihre

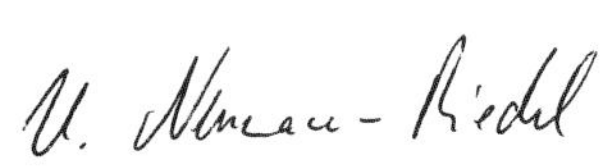

Ulrike Neumann-Riedel

Beobachtungsbogen zum Texteschreiben in Klasse 1 und 2

Schüler/Schülerin: ______________________________ Datum: ________________

Beobachtungskriterien	**ja**	**teilweise**	**nein**
Zeigt das Kind Freude am Schreiben?			
Schreibt es aus eigenem Antrieb?			
Entwickelt es zu vorgegebenen Schreibanlässen eigene Ideen?			
Schreibt es so vollständig, dass der Text verständlich ist?			
Ist der Text in sich schlüssig?			
Findet das Kind Überschriften zu den Texten?			
Nutzt es Hilfsmittel beim Schreiben (Anlauttabelle, Wörterbuch)?			
Kann es reimen und mit Sprache spielen?			
Greift es Hinweise zur Überarbeitung eines Textes auf (z. B. Informationen ergänzen)?			
Ist das Kind mit seinen Schreibprodukten zufrieden?			

Tipps zur Förderung

Probleme	Möglichkeit zur Förderung
Das Kind hat keine Freude am Schreiben.	• Regelmäßig bedeutsame kurze Schreibanlässe wählen lassen, z. B. einen Wunsch für den Unterricht in der folgenden Woche an die Lehrkraft schreiben oder Briefe an andere Kinder schreiben lassen
Das Kind schreibt nicht aus eigenem Antrieb.	• Vielfältige Schreibanlässe zur freien Wahl zur Verfügung stellen, z. B. Karteien mit Wörtern und Bildern oder Geschichtenanfängen • Auch kleine Bücher mit – noch – leeren Seiten oder Leporellos fordern zum Texteschreiben auf.
Es fehlt an einer Schreibidee.	• Unter verschiedenen Schreibanlässen auswählen lassen • Den Zeitpunkt des Schreibens selbst wählen lassen, indem er als Aufgabe im Tages- oder Wochenplan gestellt wird • Gemeinsam mit einem Partner schreiben lassen • Mit dem Kind über den Schreibanlass reden und gemeinsam eine Wörtersammlung dazu anlegen • Fragen zum Schreibanlass stellen
Der Text ist nicht verständlich.	• Dem Kind Fragen zum Text stellen
Das Kind findet keine Reime. Es kann nicht mit Sprache spielen.	• Gemeinsam mit dem Kind ein Reimwörterbuch erstellen • Unsinn erfinden lassen, z. B. Lügengeschichten, widersprüchliche Zusammensetzungen wie *riesengroßer Zwerg, tomatenblauer Himmel* etc.
Es werden keine Überschriften gefunden.	• Eine Frage zum Text formulieren lassen • Verschiedene Überschriften anbieten und auswählen lassen • Überschrift immer erst am Schluss formulieren lassen • Zu Bildern (selbst gestalteten oder vorgegebenen) nur einen Satz schreiben lassen
Das Kind findet keinen Schluss.	• Gemeinsam mit anderen Kindern überlegen lassen, die sich gegenseitig Schreibtipps geben können • Manchmal hat auch ein offenes Ende eine Qualität!
Das Kind ist mit seinen Schreibprodukten unzufrieden.	• Eine Kultur der positiven Rückmeldung in der Klasse installieren, indem z. B. Texte vorgelesen werden und der Schreiber sich drei Kinder auswählen darf, die äußern, was ihnen an dem Text gefallen hat • Alle Texte in Form von kleinen Ausstellungen präsentieren

Meine Teddybär-Geschichte

Suche dir ein Foto aus und klebe es auf ein weißes oder liniertes Blatt.

Schreibe einen Text dazu.

Wenn du mehrere Fotos nimmst und dazu schreibst, kannst du dir ein eigenes Buch gestalten.

Was war hier nur los?

Suche dir zwei Bilder aus.

Schneide sie aus und klebe sie in die Rahmen.

Schreibe deinen Text zu den Bildern.

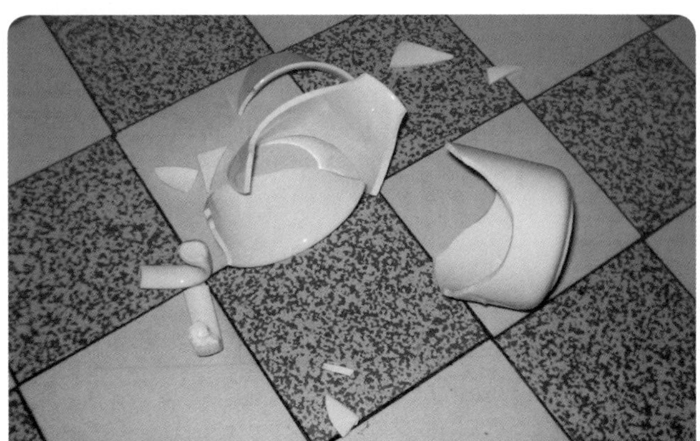

Was war hier nur los?

Augen im Dunkeln

Wessen Augen leuchten im Dunkeln?

Schauen sie ängstlich, böse oder überrascht?

Welche Augenpaare könnten sich treffen?

Suche dir ein oder mehrere Augenpaare aus und schreibe einen Text dazu.

Ein Katzen-Leporello

Zu welchen Katzenbildern möchtest du schreiben?

Schneide sie aus und klebe jeweils ein Bild auf eine Seite des Leporellos. Schreibe zu jedem Bild einen Text, so dass das Bild und dein passender Text immer nebeneinander stehen.

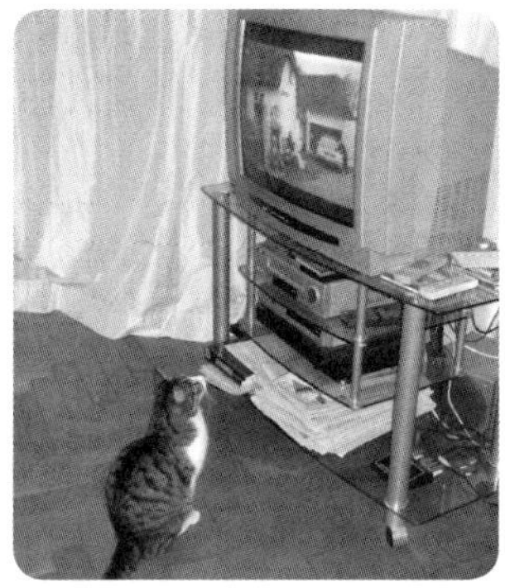

Ein Katzen-Leporello: Bastelvorlage für ein Leporello

Hinweis für die Lehrkraft:
Die einzelnen Seiten werden ausgeschnitten und an den Klebeflächen zusammengeklebt. Anschließend werden die Blätter wie eine Ziehharmonika gefaltet.

Der Schlüssel

Vorbereitung durch die Lehrkraft:
Bringen Sie verschiedene Schlüssel mit in den Unterricht: alte, neue, große, kleine, bunte, rostige ... Es sollten mindestens so viele Schlüssel wie Schüler vorhanden sein. Legen Sie alle Schlüssel in eine kleine Schachtel oder einen Beutel. Die Kinder ziehen mit geschlossenen Augen einen Schlüssel, zu dem sie einen Text schreiben sollen.

Das Arbeitsblatt für den Text wird vorbereitet, indem zuerst das Blatt an den gestrichelten Linien aufgeschnitten wird, so dass das Schloss aufgeklappt werden kann. Im Anschluss wird die so vorbereitete Seite nur an den Rändern auf ein liniertes Blatt geklebt.
Die Schüler können nun das Schloss aufklappen und ihren Text auf die aufgeklappte Seite schreiben.

Unter der gestrichelten Linie finden Sie Impulse für Schüler, die Schwierigkeiten haben, eigene Schreibideen zu entwickeln.

Welches Schloss öffnet dein Schlüssel? Kreise ein!

eine Truhe	einen Schrank	ein Fahrradschloss
eine Zimmertür	eine Kellertür	deine Haustür
ein Buch	eine Schublade	

Oder etwas ganz anderes? Dann schreibe es dazu!

Immer noch keine Idee? – Lies die Fragen!

1. Weshalb sind Schlüssel wichtig?
2. Was geschieht, wenn jemand einen Schlüssel verliert?
3. Wofür hast du einen eigenen Schlüssel?
4. Wofür hättest du gern einen eigenen Schlüssel?

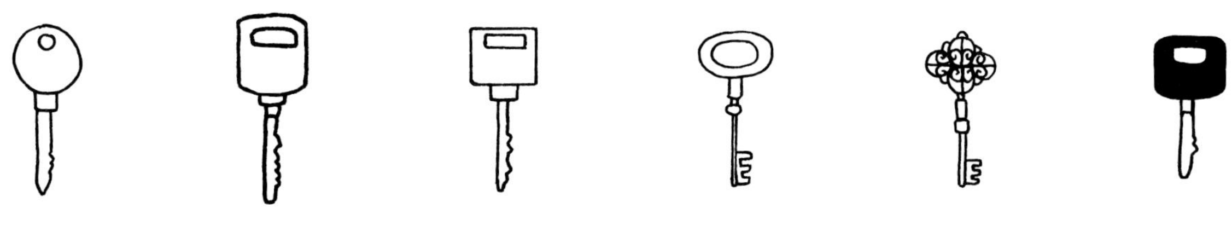

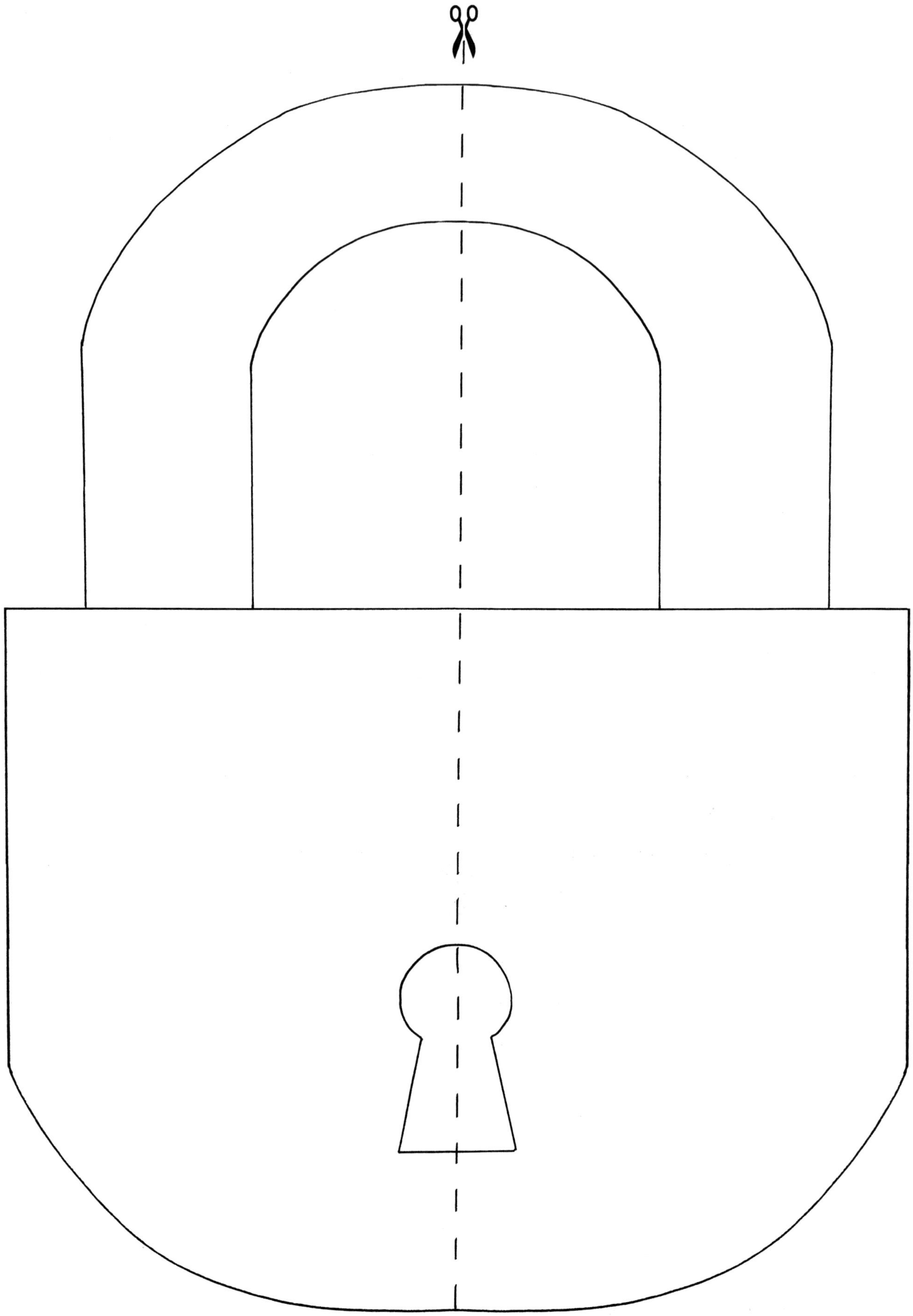

Eine Feder

Vorbereitung durch die Lehrkraft:
Verschiedene Federn – mindestens in der Anzahl der Schüler – werden gemeinsam mit den Kindern betrachtet.
Es empfiehlt sich, für diesen Schreibanlass Naturfedern zu sammeln, da sie mehr Assoziationen zulassen als Bastelfedern, die meist in knalligen Farbtönen gehalten sind und in der Größe auch nur wenig differieren. Natürliche Federn fordern die Kinder heraus, genau hinzuschauen, Details zu entdecken und Vermutungen über die Herkunft anzustellen. So eröffnet sich auch ein individueller Zugang für den eigenen Text, sei es auf der Sachebene oder auf der fiktiven/erzählenden Ebene.

Jeder Schüler wählt sich eine Feder aus und schreibt seinen Text.

Unter der gestrichelten Linie finden Sie Fragen für Schüler, die Schwierigkeiten haben, eigene Schreibideen zu entwickeln.

Kreise die Fragen ein, die dir helfen einen Text zu schreiben!

Wie sieht deine Feder aus?

Wie fühlt sie sich an?

Hat deine Feder eine Besonderheit?

Gehörte sie einem kleinen oder einem großen Vogel?

Wie hat das Tier seine Feder verloren?

Hatte vielleicht eine Katze die Feder im Maul?

Gehörte die Feder zu einem Indianerschmuck?

War die Feder an einem Hut befestigt?

Oder ist die Feder so alt, dass einmal jemand mit ihr geschrieben hat?

Eine Feder

Klebe deine Feder in den Rahmen und schreibe einen Text dazu!

Ein Knopf

Hinweise für die Lehrkraft:
Sammeln Sie verschiedene Knöpfe, die sich in Form, Farbe, Größe, Material, Stil etc. unterscheiden. Legen Sie sie in ein Säckchen, aus dem sich jeweils ein Kind mit geschlossenen Augen einen Knopf ertasten und herausnehmen kann. Kein Kind darf verraten oder zeigen, was es aus dem Säckchen genommen hat, bis das letzte Kind einen Knopf gezogen hat. In einem Sitzkreis werden die Knöpfe betrachtet, die Kinder äußern sich spontan, erfahrungsgemäß zuerst zu Form, Größe und Farbe. Durch weiterführende Impulse werden Schreibideen angeregt.

Folgende Impulse können gegeben werden:
- Woher könnte der Knopf stammen?
- Wie könnte er verloren gegangen sein?
- Was passiert, wenn man einen Knopf verliert?
- Hat jemand schon einmal versucht einen Knopf anzunähen? Wenn ja, welche Erfahrungen hat derjenige damit gemacht?
- Knöpfe sind dazu da, Kleidungsstücke zu schließen. Könnte man nicht auch noch etwas anderes mit ihnen machen?
- Denk dir, der Knopf könnte sprechen – was würde er erzählen?

In diesem gemeinsamen Gespräch entwickelt jedes Kind eigene Überlegungen zu den Knöpfen, die es in einem Text wiedergibt. Die Aufgabe für das Kind lautet: Schreibe einen Text zu deinem Knopf!

Die Aufgabe wird noch reizvoller für die Schüler, wenn sie vorher eine kleine Faltschachtel herstellen, in der sie ihren Knopf aufbewahren können, damit er nicht wieder verloren geht. Der Knopf gewinnt damit an Wichtigkeit. Die fertigen Texte werden zu der noch bunt beklebten Schachtel gelegt, so dass eine kleine Ausstellung entstehen kann.

Kopiervorlage für die Faltschachtel:
Wird die Vorlage zweimal kopiert, kann eine Schachtel als Deckel verwendet werden.

——— schneiden — — falten //////// kleben

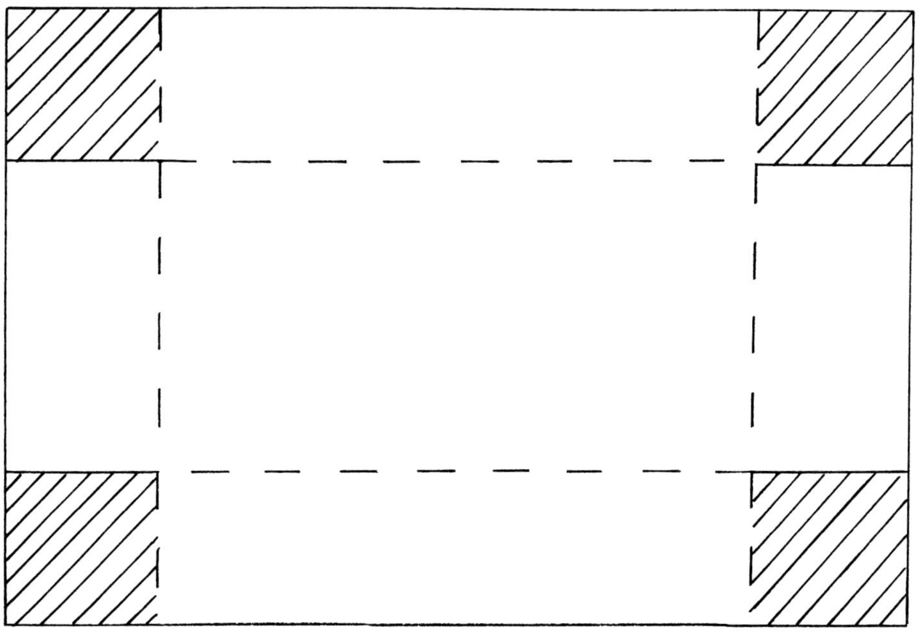

Ein Knopf

Male deinen Knopf in den Kasten. Nun schreibe einen Text zu dem Knopf.

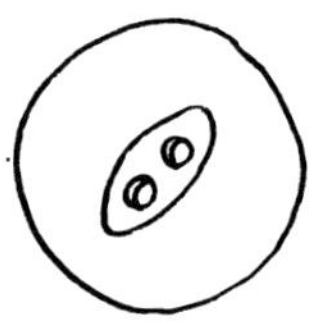
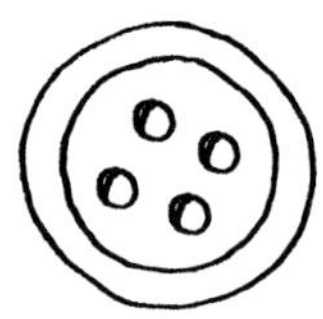
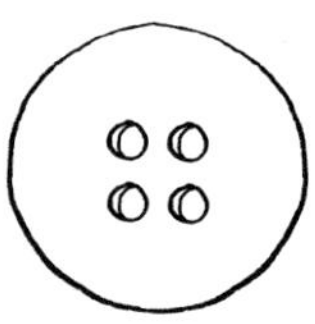
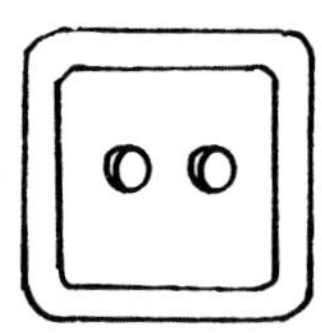
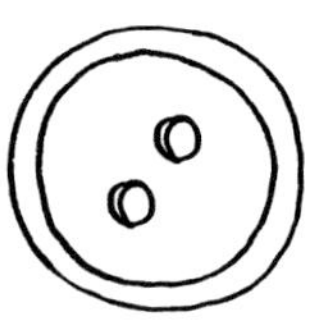
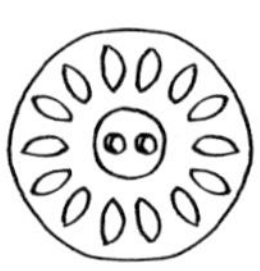
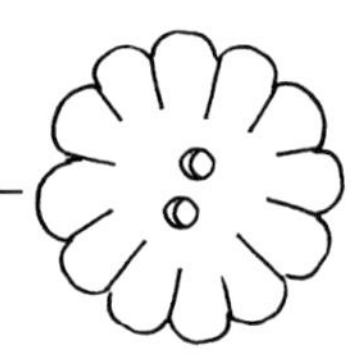
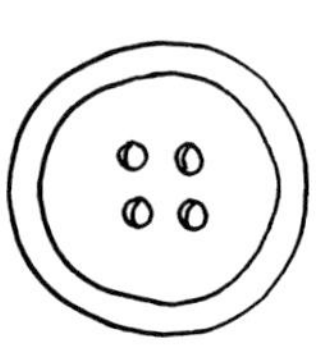

Eine unglaubliche Woche

Welche Frage kannst du beantworten? Schreibe deine Antwort auf das freie Feld.

Schneide nun deinen Streifen aus und klebe ihn auf ein liniertes Blatt. Schreibe jetzt deinen Text dazu.

Am Montag saß ein Nashorn in der Turnhalle.	Warum hatte es nur Boxhandschuhe an?	

Am Dienstag drängelte sich an der Kasse im Supermarkt eine Kröte vor.	Warum drängelte die so?	

Am Mittwoch wusch sich ein Nilpferd in meiner Badewanne.	Warum benutzte es keine Seife?	

Am Donnerstag saß ein Kamel den ganzen Tag im Sandkasten.	Warum ging es nie auf die Schaukel?	

Am Freitag kaufte ein Pinguin im Warenhaus eine Sonnenbrille.	Was wollte der nur mit der Sonnenbrille?	

Am Samstag brütete eine Henne in meinem Bett ihre Eier aus.	Warum machte sie das nicht in ihrem Nest?	

Am Sonntag ruderte ein Frosch in einem Boot.	Warum trug er eine Schwimmweste?	

... den Wasserhahn aufdrehte, kam Himbeersaft aus der Leitung.

... den Kühlschrank öffnete, saß ein Küken darin – es hatte noch die Eierschale auf dem Kopf.

... meinen Ranzen holen wollte, kam er mir schon entgegengelaufen.

... das Radio einschaltete, fragte mich der Nachrichtensprecher nach der Uhrzeit.

... mein Brot einwickeln wollte, hüpfte es immer wieder aus dem Papier.

... in den Spiegel schaute, hatte ich knallgrüne Punkte im Gesicht.

... aus dem Bett sprang, fiel ich durch ein großes Loch mitten in den Keller.

Und was passierte dir heute Morgen? Suche dir einen Satz aus und schreibe ihn ab. Jetzt hast du einen Anfang für deine Lügengeschichte. Schreibe nun, wie es weiterging!

Eine bunte Mahlzeit

Was steht auf dem Tisch? Sind es himmelblaue Nudeln und grasgrüne Eier? Oder etwa feuerrote Eier und schwarz-weiß gestreifte Fischstäbchen?

Du erfährst es, wenn du dir zwei Würfel bastelst. Auf dem einen Würfel stehen die Farben und Muster, auf dem anderen die Gerichte.

Würfel dir deine Mahlzeit zusammen und schreibe eine Speisekarte. Schreibe dazu einen Text. Diese Fragen helfen dir:

Wann hast du diese Mahlzeit gegessen?

Wer hat sie gekocht?

Wonach haben die Lebensmittel geschmeckt?

Meine Speisekarte

——— schneiden — — falten //////// kleben

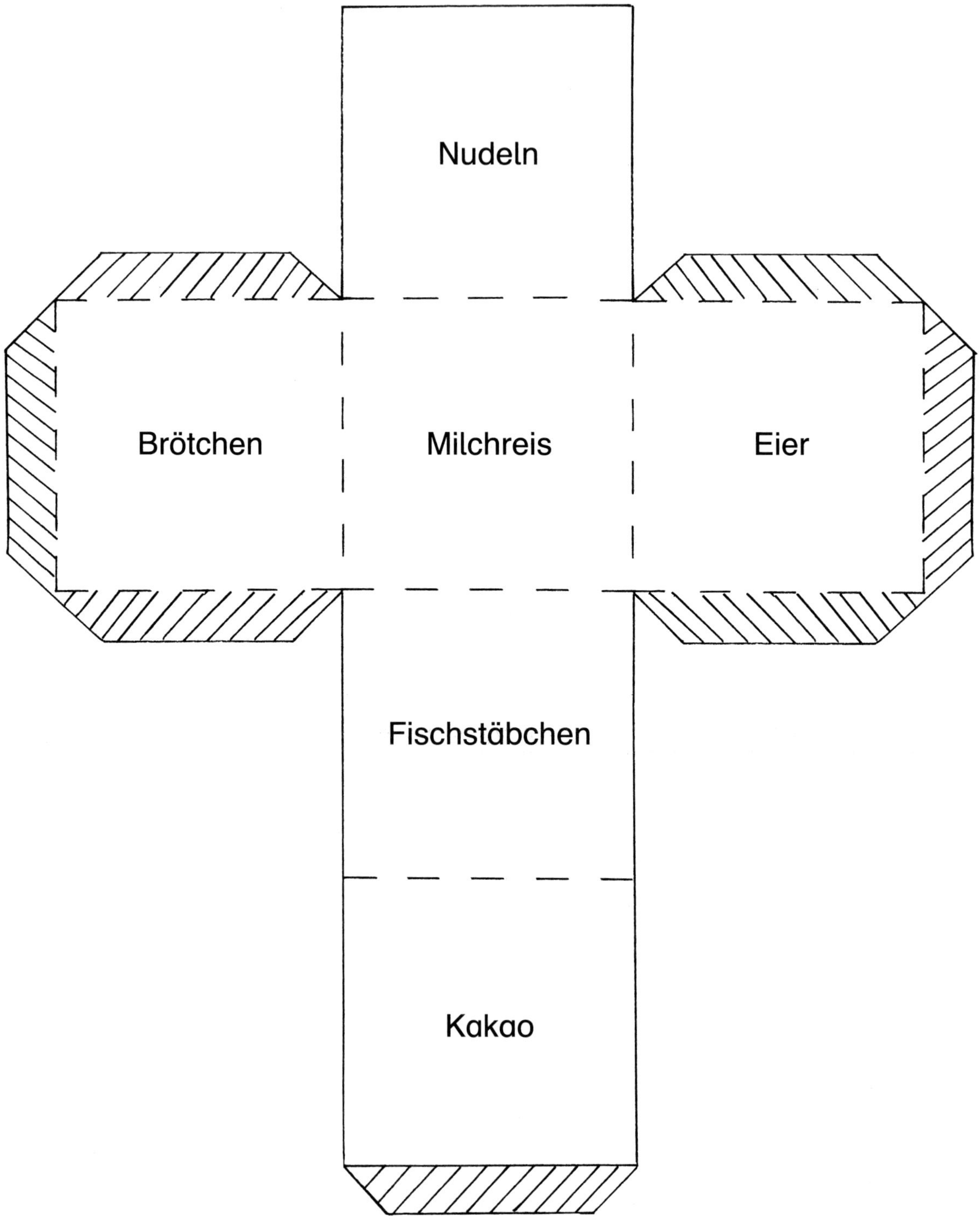

Eine bunte Mahlzeit: Bastelvorlage Würfel 2

——— schneiden   — — falten   //////// kleben

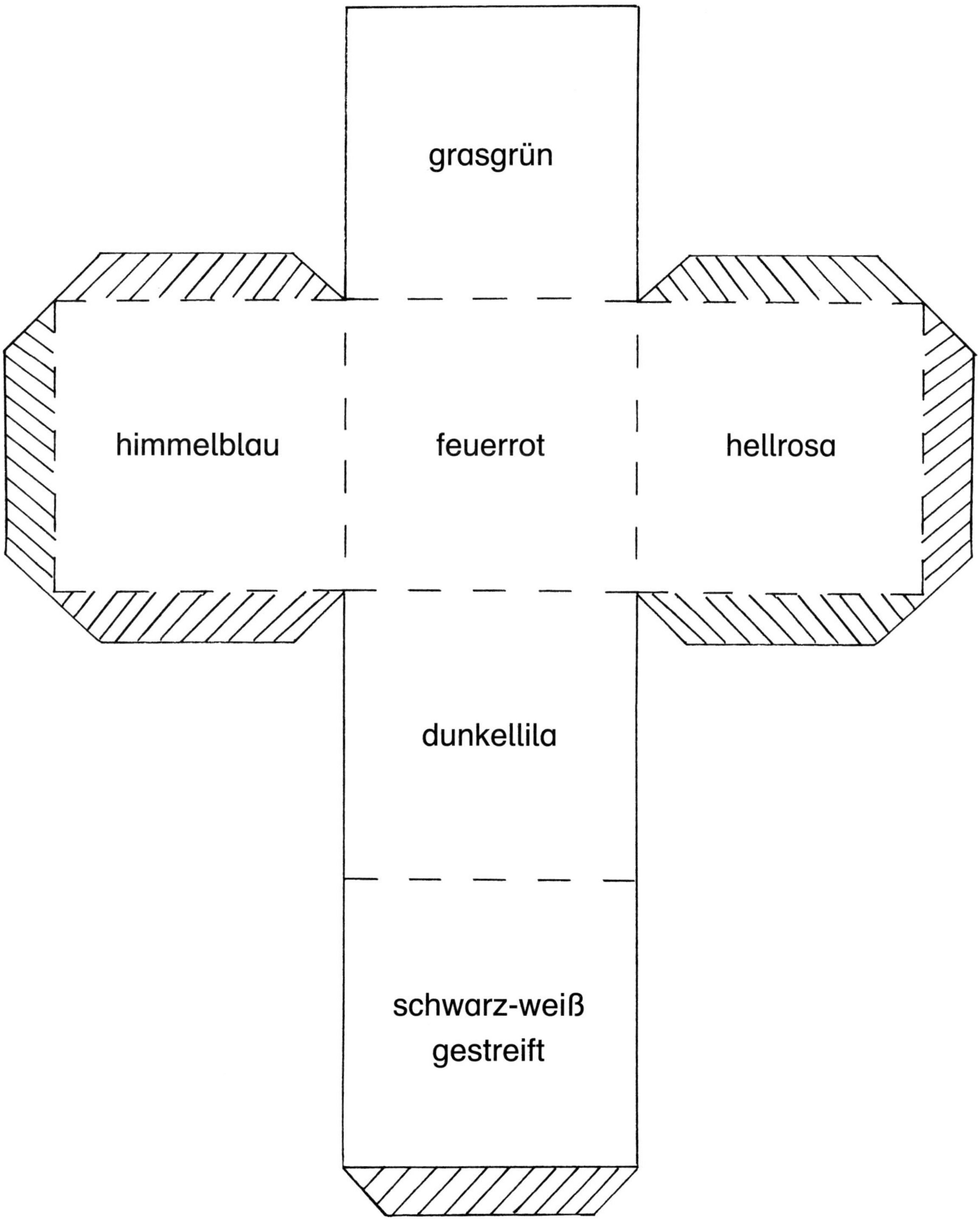

Wörter für eine Schreibkartei I

Hinweis für die Lehrkraft:
Kopieren Sie die Wortkarten auf festes Papier und schneiden Sie sie aus. Die Karten werden in einem kleinen Kasten gesammelt und stehen den Kindern auch für die Freiarbeit zur Verfügung.

Regen	**Freunde**
Zeit	**Schatten**
Nacht	**Vater**
König	**Glück**
Gewitter	**Ferien**
Montag	**Streit**

Wörter für eine Schreibkartei II

Fußball	Computer
Wald	Mutter
Pferde	Angst
Erde	Meer
Wünsche	Farben
Wut	Mut
Träume	Feuer

Lies das Gedicht und beantworte dann die Fragen, die du unten auf dem Blatt findest.

Nur damit du Bescheid weißt

Ich habe die Pflaumen
gegessen
die im Eisschrank
waren

du wolltest
sie sicher
fürs Frühstück
aufheben

Verzeih mir
sie waren herrlich
so süß
und so kalt

William Carlos Williams

Entnommen aus:
William Carlos Williams, Die Worte. Die Worte. Die Worte. Übertragen von Hans Magnus Enzensberger. © Suhrkamp Verlag Frankfurt am Main 1962.

Warum hat jemand diese Nachricht geschrieben?

Wann ist es wichtig, kurze Nachrichten auf einen Zettel zu schreiben?

Welche Nachrichten hast du schon auf einen Zettel geschrieben?

Oder hat jemand für dich eine Nachricht geschrieben?

Erzähle!

Wichtige Nachrichten – Was stand da nur?

Leider sind einige Zettel mit wichtigen Nachrichten zerrissen.

Suche dir einen Zettel aus. Was stand da nur? Schreibe die Nachricht!

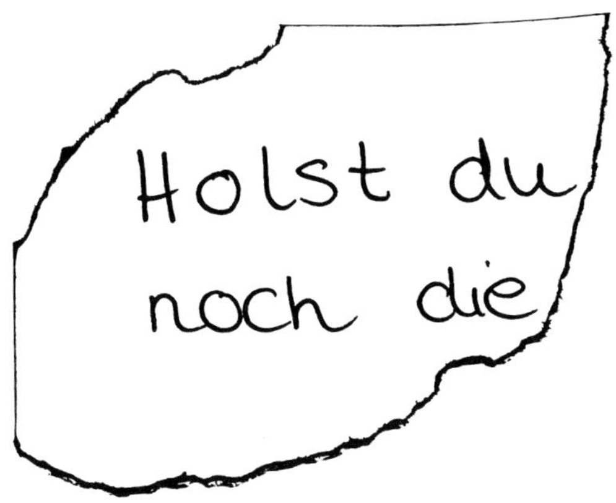

Briefe

Hinweise für die Lehrkraft:
Das Gedicht dient als Anlass, die Kinder aufzufordern, selbst Briefe zu schreiben. Dabei bietet es sich an, einen Klassenbriefkasten einzurichten (hierzu dient ein Postpaket oder ein Schuhkarton), der regelmäßig geleert wird. Wenn die Schüler sich gegenseitig Briefe schreiben, sollte darauf geachtet werden, dass zumindest beim ersten Mal alle Kinder einen Brief bekommen. Schüler, an die kein Brief geschrieben wurde, sollten dann von der Lehrkraft einen Brief erhalten.

Mit Hilfe der Kopiervorlage können Briefumschläge gefaltet werden. Sie sehen besonders hübsch aus, wenn dazu gemusterte Geschenkpapiere verwendet werden. Dann sollte die Kopiervorlage als Schablone verwendet werden.

Briefe

Als der Vogel Strauß drauß' lief,
die Maus aus ihrem Haus rausrief:
„Sei so lieb,
bring den Brief,
den ich schrieb,
irgendwem,
der dir gefällt,
irgendwo
auf der Welt.
Doch vergiss nicht,
sag dem Wesen:
Ich mag auch gern Briefe lesen!
Sag ihm ja,
dass es mir
ganz schnell schreiben soll!
Briefe kriegen
find ich toll."

Josef Guggenmos

Entnommen aus:
Josef Guggenmos, Groß ist die Welt

Bastelvorlage für einen Briefumschlag

——— schneiden — — falten //////// kleben

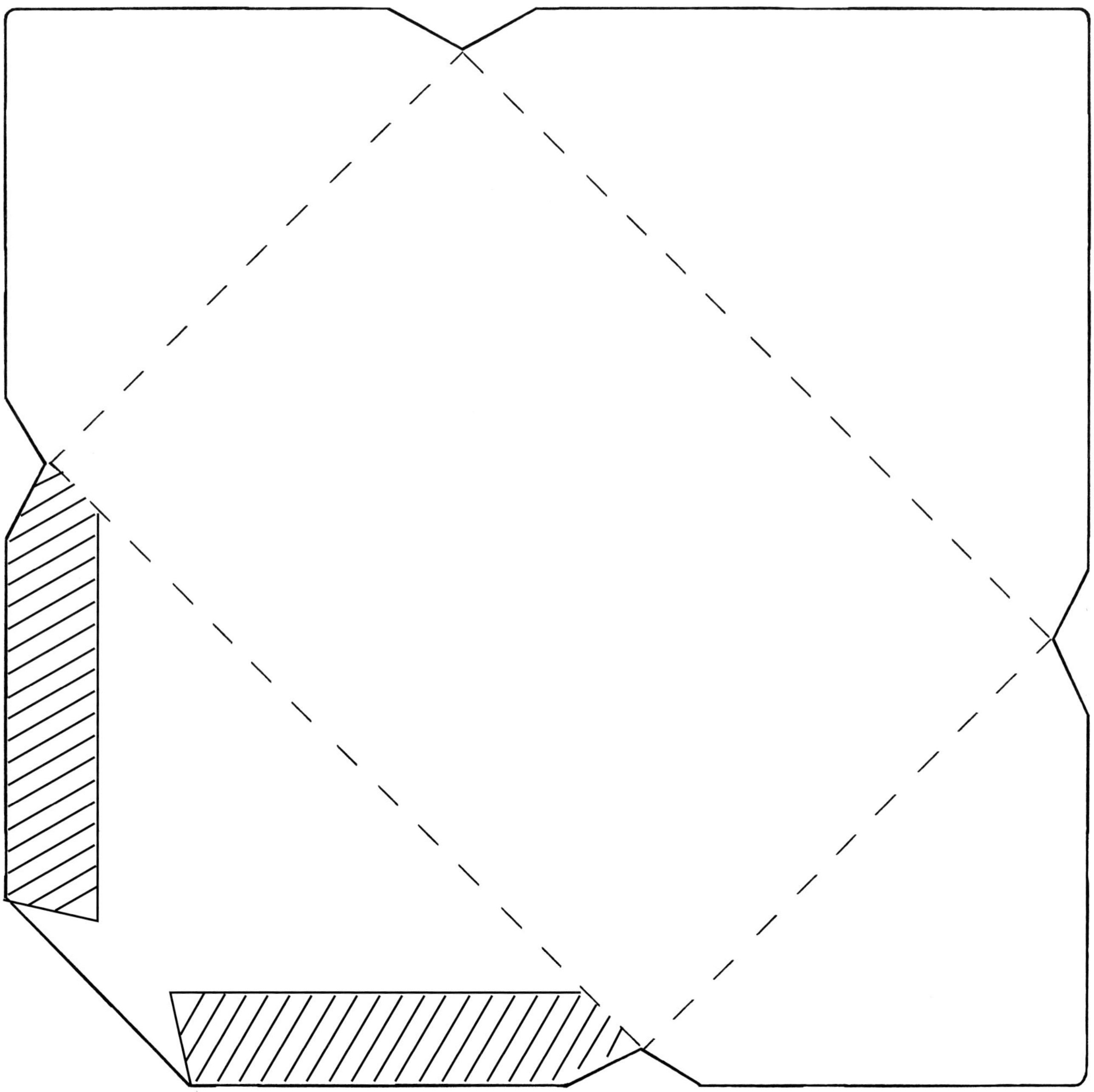

Sonne, Mond und Sterne

Sonne, Mond und Sterne
leuchten in der Ferne.
Wer mag dort zu Hause sein
in dem wundersamen Schein?

Auf dem Mond gibt es ein/eine/einen Mond-

-könig -elefanten -schaf

-riesen -schlange -katze

-bär -eule

Auf der Sonne gibt es ein/eine/einen Sonnen-

-königin -pferd -spinne

-drachen -hexe -pfau

-löwen -adler

Auf dem Stern/den Sternen gibt es ein/eine/einen Stern(en)-

-prinzessin -falter -reh

-elfe -skorpion -igel

-schwan -gazelle

Kennst du noch andere Wesen, die dort zu Hause sein könnten?

Für welches Wesen hast du dich entschieden? Male es und schreibe über das Wesen.

Wenn dir nichts einfällt, helfen dir diese Fragen:

- Wie sieht dein Wesen aus?
- Wie verbringt es die Zeit?
- Mit wem lebt es zusammen? Oder lebt es allein?
- Kann es etwas Besonderes?

Mein Wesen ist ______________________________

So sieht es aus:

Das möchte ich über mein Wesen erzählen:

____

____

____

Wenn du magst, kannst du auch eine Geschichte dazu schreiben.

Hinweis für die Lehrkraft:
Stellen Sie den Kindern drei große Plakate jeweils in der Form eines Mondes, einer Sonne und eines Sternes zur Verfügung, auf denen sie ihr Bild und ihren Text aufkleben können. So entsteht eine Präsentation ihrer Arbeiten.

Ein Ball geht auf die Reise

Niklas verbringt ein Wochenende mit seinen Eltern am Meer. Es ist noch zu kalt zum Baden, aber Niklas freut sich darauf, am Strand Steine und Muscheln zu suchen und zu buddeln. Am schönsten ist es aber, dass Papa endlich Zeit für ihn hat und sie zusammen Fußball spielen können.
So machen Papa und Niklas sich auch gleich nach der Ankunft auf den Weg zum Strand. Niklas schnappt sich natürlich sofort den Fußball.
„Lass den Ball lieber hier!“, sagt Papa. „Es ist viel zu windig zum Fußballspielen!“ „Wir können es doch probieren ... “, antwortet Niklas. Papa hat nichts dagegen.

Am Strand kicken sie eine Weile hin und her. Das geht prima. Dann ruft Niklas: „Pass auf!“ Er schießt den Ball voller Schwung zu Papa. Der Ball fliegt knapp an Papas Kopf vorbei und landet im Wasser.
„Oje“, stöhnt Niklas, denn der Ball wird von einer heftigen Welle erfasst und weit ins Wasser getragen. „Mein schöner Ball!“ Er hat Tränen in den Augen. Papa nimmt ihn in den Arm. Lange schauen sie dem Ball nach. Er schaukelt auf den Wellen immer weiter und weiter ins Meer hinaus. Bald ist er nur noch als winziger Punkt zu sehen.

Papa tröstet Niklas: „Der Ball geht jetzt auf eine Reise. Wer weiß, was er alles erleben wird. Ich kaufe dir einen neuen, ganz bestimmt.“
Niklas ist aber immer noch traurig. „Mein Ball“, denkt er. „Was jetzt wohl aus ihm wird?“

Was erlebt der Ball? Wird er von einem Schiff gefunden und an Bord genommen? Oder wird er irgendwo an Land gespült? Vielleicht in einem fernen Land? Es gibt viele Möglichkeiten. Schreibe die Geschichte in deinem Heft oder auf einem Blatt weiter! Wenn du magst, lass den Ball erzählen.

Der Faden

Es war einmal ein Faden,
der lag da wie ein Strich.

Der lag da und langweilte sich.
„Was tu ich? Ich ringle mich!“

Er ringelte sich zur Spirale.
Und dann mit einem Male

machte er aus sich draus
eine Schnecke mit ihrem Haus.

Gleich wurde was Neues gemacht:
Heidiwitzka, eine 8!

Bald drauf eine Dickedull,
eine kugelrunde Null.

Dann noch, mit viel Geschick,
ein Fisch, ein Meisterstück!

„Was kann ich jetzt noch sein?“,
dachte der Fisch. Da fiel ihm was ein.

„Ich schlängle mich als Schlange –
wenn wer kommt, dann wird ihm bange!“

Dass wer kommt –
drauf wartet er schon lange.

Josef Guggenmos

Nimm dir einen Faden. Wozu ringelt sich dein Faden?
Probiere verschiedene Figuren aus.

Der Faden

Klebe die Figur, die dir am besten gefällt, in den Rahmen.
Schreibe einen Text dazu!

Fenstergeschichten

Hinweise für die Lehrkraft:
Den Ausgangspunkt für die Fenstergeschichten bietet das Gedicht „Der Rauch“ von Bertolt Brecht. Zuerst wird mit den Kindern im Gespräch erarbeitet, dass der Rauch symbolisiert, dass das Haus bewohnt ist. Es leben Menschen darin, die fröhlich, traurig, faul oder fleißig sind. Die Menschen beschäftigen sich, sie können spielen, kochen, lesen, streiten, lachen usw.
Im Anschluss daran erhalten die Kinder die Kopiervorlage des Fensters. Zuerst malen sie, was sie von außen durch die Fensterscheibe sehen können. Dann wird das Fenster ausgeschnitten und an den gestrichelten Linien aufgeschnitten (hierbei muss die Lehrkraft helfen). An den Rändern wird das Fenster auf ein zweites Blatt geklebt und aufgeklappt. Nun schreiben die Kinder in das geöffnete Fenster ihren Text.
Zur Präsentation werden alle Fenster auf eine große Pappe geklebt, die die Form eines Hauses hat. Unter der gestrichelten Linie finden Sie Fragen für Schüler, die Schwierigkeiten haben, eigene Schreibideen zu entwickeln.

Der Rauch

Das kleine Haus unter Bäumen am See.
Vom Dach steigt Rauch.
Fehlte er
Wie trostlos dann wären
Haus, Bäume und See.

Bertolt Brecht

Wenn du keine Idee hast, beantworte kurz die Fragen. Dann weißt du, was du durch das Fenster siehst. Danach kannst du malen und deinen Text schreiben.

Zu welcher Tageszeit schaust du in das Fenster? ____________________

In welchen Raum kannst du schauen? ____________________

Welche Menschen sind in dem Raum? ____________________

Was tun sie? ____________________

Sind sie glücklich, traurig, krank, wütend oder etwas ganz anderes?

____

Wer öffnet hier den Mund?

Bastle zunächst ein Klappbüchlein, in dem jemand den Mund öffnet und schließt. Und das geht so:

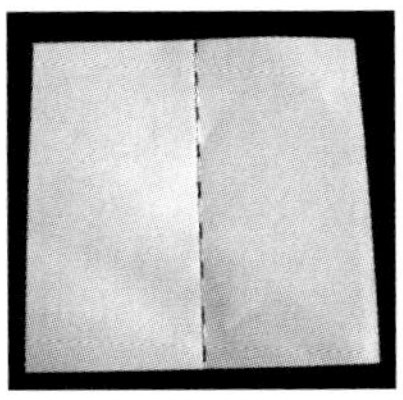

1. Falte das Blatt in der Mitte.

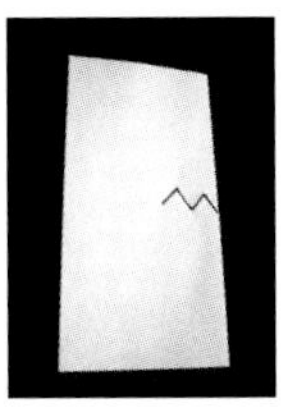

2. Schneide in die Faltkante Zacken wie auf dem Foto.

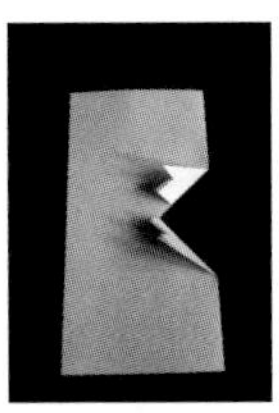

3. Falte die eingeschnittenen Zacken nach oben und unten.

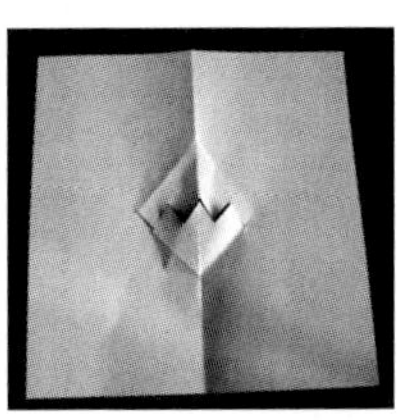

4. Falte das Blatt wieder auf und öffne vorsichtig den entstandenen Mund.

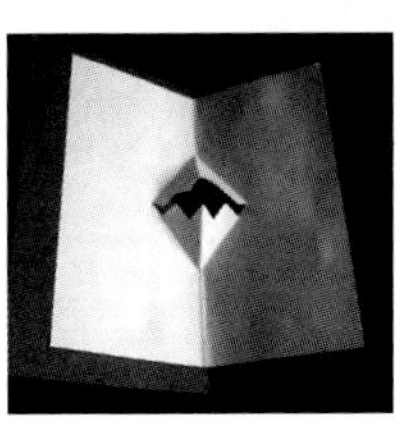

5. Falte nun deinen Fotokarton in der Mitte wie zu einem Buch. Klebe das Blatt an den Rändern und an der Faltlinie auf den Fotokarton.
   Achtung: Der Mund darf nicht festgeklebt werden!
   Wenn du den Karton auf- und zuklappst, öffnet oder schließt sich der Mund.

Wer ist es, der den Mund öffnet und schließt?

Male um den Mund das Gesicht.

Schreibe zu deinem Wesen einen Text!

Hinweis für die Lehrkraft:
Benötigtes Material: Für jedes Kind ein Zeichenblatt im Format 10 x 10 cm und ein Stück Fotokarton im Format 11 x 11 cm.

Zu welchem Bild möchtest du einen Text schreiben? Wenn du zu mehreren Bildern schreibst, kannst du dein eigenes Frühlingsbuch gestalten.

Frühling: Wie die Vögel zu ihrem Namen kamen

Im Frühling hörst du wieder die Vögel zwitschern. Manche von ihnen haben merkwürdige Namen:

der Zaunkönig	das Wintergoldhähnchen
der Mauersegler	die Mehlschwalbe
der Zilpzalp	die Haubenmeise

Suche dir einen Vogel aus. Wie mag er aussehen? Male ihn in den Rahmen. Schreibe dann, wie er zu seinem Namen gekommen ist.

Hinweis für die Lehrkraft:
Es ist auch möglich, den Schülern vorab farbige Bilder der Vögel zu zeigen. Dann malen sie nicht, wie sie sich den Vogel vorstellen, sondern wie er wirklich aussieht. Auf jeden Fall sollten im Anschluss an den Schreibanlass Bilder der Vögel zur Verfügung stehen, so dass die Kinder ihre Vorstellungen mit der Realität vergleichen können.

Sommer: Sommerreime

Heute schreiben wir Reime zum Sommer. Die erste Zeile steht schon da. Schreibe die zweite Zeile dazu. Wenn du kein Reimwort weißt, kannst du dir das Blatt mit den Reimwörtern zur Hilfe nehmen.

Oft ist's im Sommer heiß

Erfrischend ist der Regen

Manchmal gibt's auch Donnergrollen

Am Abend ist es lange hell

Vor Wespen nehme dich in Acht

Blumen blühen weiß, gelb, blau

An den Blumen saugen Hummeln

Mancher fährt nun fort

Menschen liegen in der Sonne

Doch Vorsicht vor dem Sonnenbrand

Fallen dir noch mehr Reime ein? Denke daran, was Kinder im Sommer machen. Dichte weiter!

Sommerreime: Reimwörter

heiß
weiß
leis'
Eis
Reis
Schweiß
Preis
Kreis

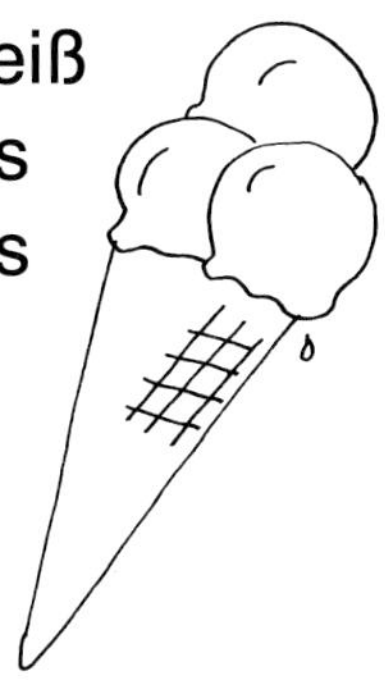

blau
Frau
Tau
schlau
genau
schau
grau

Sonnenbrand
Hand
Wand
Land
Band
Sand
Strand
riskant
Verband

Sonne
Wonne
Tonne
Nonne

Donnergrollen
rollen
wollen
sollen
schmollen
tollen

Regen
Segen
Wegen
legen
pflegen
bewegen

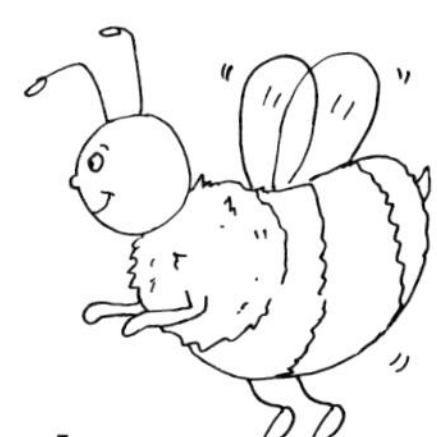

Hummeln
bummeln
schummeln
tummeln
grummeln
brummeln

Acht
macht
Nacht
kracht
gedacht

hell
schnell
grell
Fell
Gebell

fort
Ort
dort
Wort
Sport
Bord
Rekord

Im Sommer sind die großen Ferien. Dann packen viele Menschen ihren Koffer. Wir packen heute auch den Koffer. Aber wir packen einen besonderen Koffer, in ihm sind keine Hemden und keine Socken. Es ist:

Ein Koffer voller Wörter

Welche Wörter sollen dich in den Ferien begleiten? Packe sie in den Koffer!

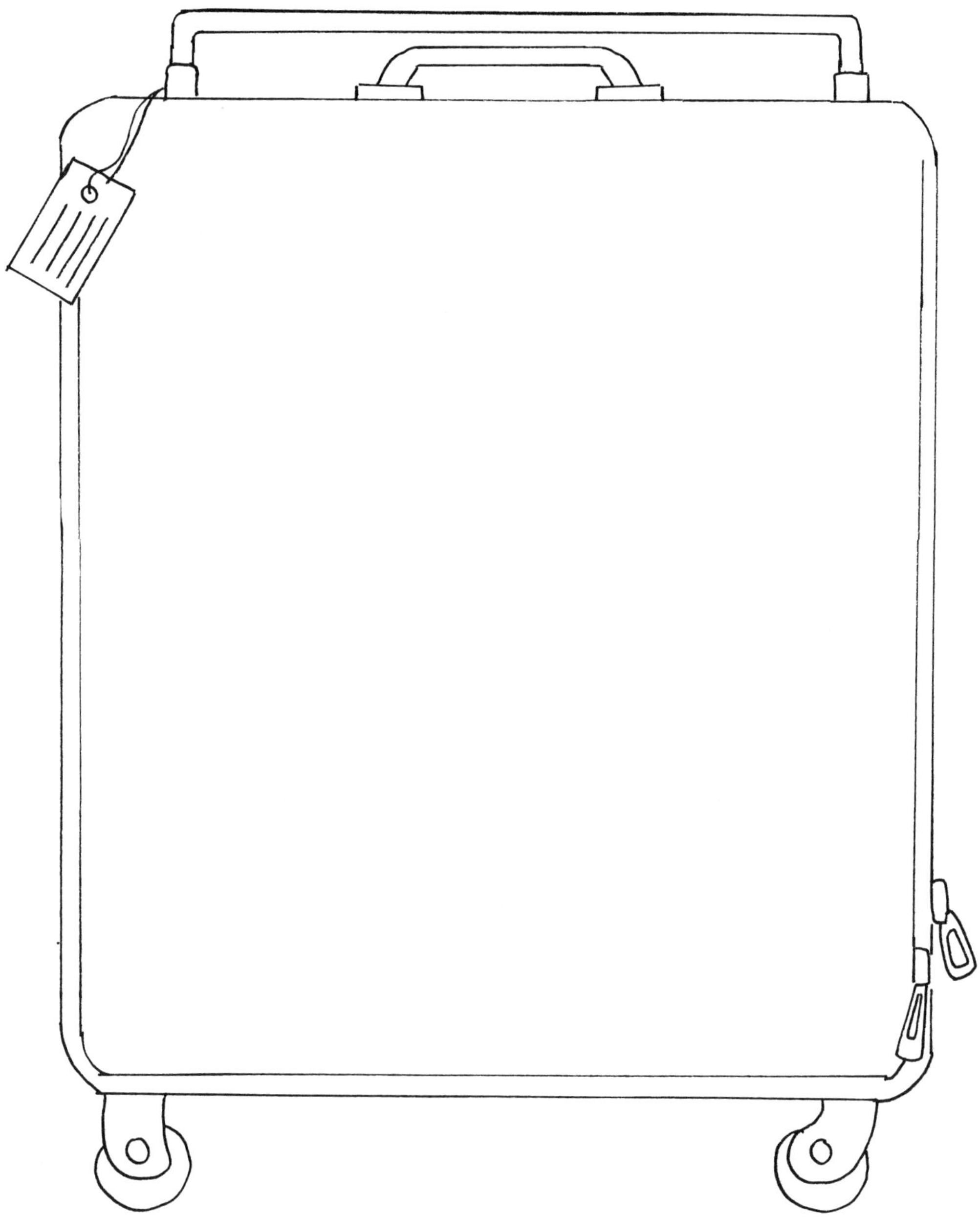

Schreibe einen Text zu deinen Wörtern!

Tipp für die Lehrkraft:

Jedes Kind sucht sich die drei Wörter aus, die ihm am wichtigsten sind. Die Kinder stellen sich gegenseitig diese Wörter vor und erzählen, weshalb sie sie ausgewählt haben. Diese Wörter werden auf Plakate geschrieben und die Texte der Kinder dazu geklebt.

Herbst: Der Herbst in 5 Sätzen

Schreibe einen Text zum Herbst. Der Text soll aus 5 Sätzen bestehen:

- Im 1. Satz ist es bunt.
- Im 2. Satz fällt etwas herunter.
- Im 3. Satz hört man ein Geräusch.
- Im 4. Satz wird etwas gefunden.
- Im 5. Satz … – für diesen Satz hast du eine eigene Idee!

Hinweise für die Lehrkraft:
Als Vorbereitung sollten die dargestellten Früchte und Samen real in der Klasse vorhanden und den Kindern auch während des Schreibens zugänglich sein. Dabei ist es wichtig, dass sie im vorbereitenden Unterricht erfahren, wie sich die Früchte und Samen anfühlen (z. B. durch ein Tastspiel) und mit welchen Begriffen Oberflächen und Formen beschrieben werden können.
Für die Herstellung des Memorys mit Ahorn, Buche, Eiche, Hagebutte, Haselnuss und Kastanie werden die Bilder auf etwa 5 x 5 cm große Kärtchen geklebt. Die Kinder malen die Bilder in den richtigen Farben an.
Zudem müssen leere Kärtchen für die Texte der Kinder vorhanden sein. Die Texte müssen vorher hinsichtlich der Rechtschreibung korrigiert sein, da sie sonst schwer zu lesen sind. Lassen Sie die Kinder also ggf. zunächst auf einem Blatt vorschreiben.

Dieser Schreibanlass eignet sich für eine Gruppenarbeit.

Bastle dir ein Rätsel-Memory zum Herbst

Nimm dir ein leeres Kärtchen und schreibe darauf die Beschreibung einer der Früchte bzw. Samen. Beim Beschreiben achte auf Folgendes:

- Welche Farbe hat es?
- Welche Form hat es?
- Wie fühlt es sich an?

Denke daran, dass es ein Rätsel sein soll, du darfst also nicht schreiben, wie die Frucht oder der Samen heißt.

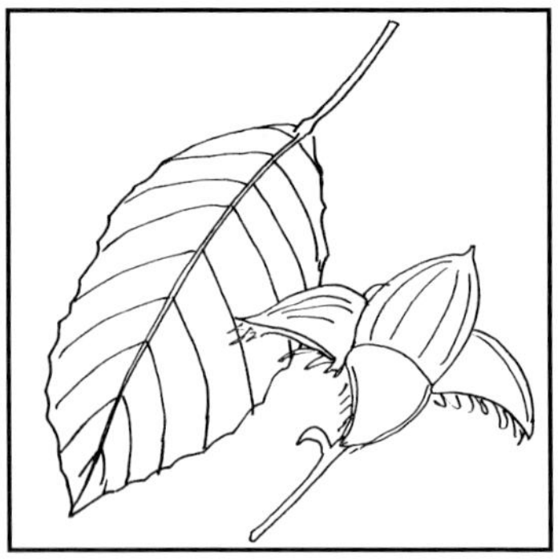
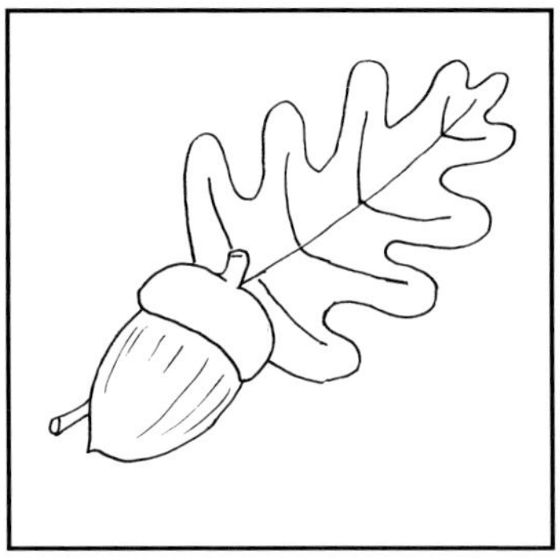

Winter

Zu welchem Bild möchtest du einen Text schreiben? Schneide es aus und klebe es auf ein weißes Blatt Papier! Schreibe dann deinen Text!

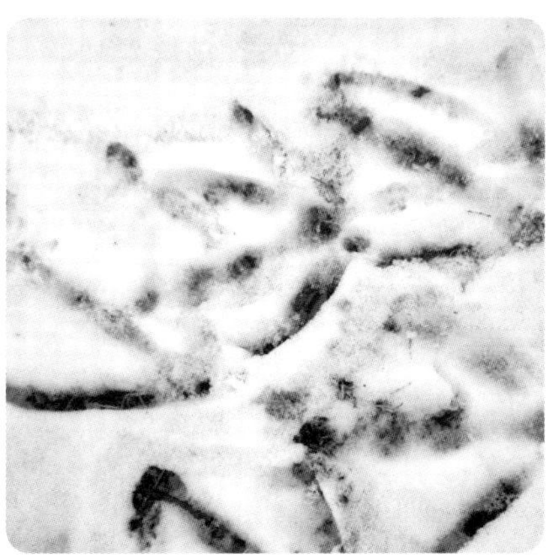

Eine Wintergeschichte – wie endet sie?

____

Es ist sehr kalt geworden. Beim Frühstück sagt Mama zu Jakob: „Heute ist es so eisig. Zieh dich warm an, wenn du in der Schule in die Pause gehst."
„Na klar", sagt Jakob. „Ich verspreche: Mütze auf, Schal um, Handschuhe an."
Mama lacht. „Und was noch?", fragt sie. „Gut aufpassen, nichts vergessen, nichts verlieren – schon gar nicht die neuen Handschuhe", antwortet Jakob und grinst. „Dann kann ja nichts schiefgehen", sagt Mama und schaut auf die Uhr. „Du musst los!", mahnt sie.
Jakob zieht sich warm an – Schal um, Mütze auf, Handschuhe an – , schnappt sich den Ranzen und geht los.

Auf dem Weg trifft er seinen Freund Jan. „Wer zuerst auf dem Schulhof ist!", ruft Jan und rennt los. Jakob saust hinterher. Er kommt als erster auf dem Schulhof an. Nun ist ihm richtig warm geworden. „Puh, ich schwitze", denkt er, zieht seine Handschuhe aus und stopft sie in die Jackentasche.
Als er die Mütze abnimmt, um sie in die Schultasche zu stecken, rennt Jan an ihm vorbei und ruft: „Wer zuerst in der Klasse ist!" Das lässt Jakob sich nicht zweimal sagen. Er wirft den Ranzen über die Schulter und läuft die Treppe hinauf. Diesmal gewinnt Jan.

In den ersten beiden Stunden sprechen sie über Vögel im Winter.
Die Lehrerin erklärt, wie die Vögel sich vor der Kälte schützen.
Jakob denkt: „Die haben es gut, sie brauchen keine Handschuhe, keinen Schal und keine Mütze, sie haben ihre Federn."
Als es zur Pause klingelt, fällt ihm ein, was Mama gesagt hat. Er holt die Mütze aus dem Ranzen, bindet sich den Schal um und denkt auch an die Handschuhe. Aber in der Jackentasche ist nur noch ein Handschuh.
Jakob sucht und sucht.

Wie geht es weiter? Erzähle die Geschichte zu Ende. Finde auch eine Überschrift!

Eine Geschichte zusammensetzen

Lies die folgenden Sätze. Schneide sie aus und klebe sie so zusammen, dass eine sinnvolle Geschichte entsteht.

Sie läuft zum Eiskiosk.	Endlich ist sie an der Reihe.

Da rempelt sie ein Mann an und das Eis fällt in den Dreck.

Zur Belohnung darf sie sich ein Eis kaufen.

Viele Menschen warten schon am Kiosk.

„Lecker“, denkt Ina, als sie ihr Eis in der Hand hält.

Sie kauft eine große Kugel Schokoladeneis.

Sie stellt sich ans Ende der Schlange.

„Das dauert ja ewig“, denkt Ina.

Ina hat Papa beim Hausputz geholfen.

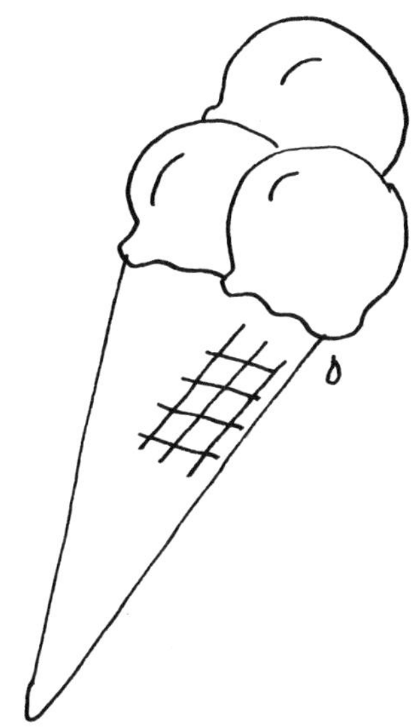

Wie geht die Geschichte weiter? Schreibe den Schluss.

Findest du auch eine Überschrift?

Sätze – Sätze – Sätze

Bilde mit den Wörtern Sätze und schreibe sie auf!

Ein langweiliger Satz:

| Es | und | und | regnet | regnet | regnet |

Ein trauriger Satz:

| großes | Leon | hat | Heimweh |

Ein gefährlicher Satz

| Katrin | Feuerzeug | spielt | dem | mit |

Ein geheimnisvoller Satz:

| Päckchen | in | raschelt | dem | knistert | es | und |

Ein ungeduldiger Satz:

| sind | wann | endlich | da | wir |

Ein wütender Satz:

| Anna | stampft | Fuß | mit | auf | dem | und | brüllt |

Ein unheimlicher Satz:

| ums | Wind | heult | in | der | der | Haus | Nacht |

Ein fröhlicher Satz:

| der | Bauch | vor | Lachen | weh | tut | mir |

Welcher Satz gefällt dir am besten? Kreise ihn rot ein!

Abzählreime

Finde ein passendes Reimwort und setze es ein.

Zehn, neun, acht
Klappern in der ______________
sieben, sechs, fünf
Gespenster stricken __________
vier, drei, zwei
Du bist ____________________.

Mele, mene, meck
Die Maus mag den ___________
Die Katze mag die Maus
Und du bist _____________.

Ene, mene, mackel
Ein Pudel ist kein ___________.
Ein Pferd ist keine Kuh
Und raus bist _____________.

Wir reisen heut' zum Nil
Das kostet gar nicht _______
Wir brauchen kein Gepäck
Der erste ist nun ___________.

Laufen, laufen
nicht ______________________
Mach keine Pausen
Du musst jetzt _____________.

Ene, mene, miegen
Versuche uns zu ____________
Wir sausen wie der Wind
Dieses Kind _____________.

Winne, wanne, wimmer
Hock nicht lang im
____
Zieh die Schuhe an
Denn du bist _____________.

Ich bin sieben, du bist sechs
Wir fürchten keine___________
Wir fürchten auch kein
Zauberwort
Und du bist ___________.

Wenn du kein Reimwort findest, helfen dir diese Wörter:

Zimmer verschnaufen Nacht Strümpf' fort du
Speck dabei Dackel kriegen Hex'
raus weg viel beginnt sausen dran

Schreibe einen eigenen Abzählreim!

H Da fehlt doch was!

Einige Kinder haben Texte über ihre Haustiere geschrieben.
Mit den Texten stimmt etwas nicht. Berichtige sie!

Mache an den Stellen, an denen Wörter fehlen, einen *.
Schreibe die fehlenden Wörter unter den Text auf die Linien.

Unser Hund

Wir haben Hund. Er heißt Waldi.
Er jung und süß. Manchmal darf
er mir Bett schlafen. Mama darf
das nicht wissen.

Heinrich

Heinrich ist mein Hamster. Er
Körner und Salat.
Er schläft den ganzen Tag.
Nachts turnt er im. Er Krach.

Mein Vogel Rudi

Rudi ist ein
Wellensittich. grüne
und gelbe Federn.
Er im Zimmer fliegen. Beim
Frühstück ist er einmal auf die
Butter. Das war lustig. Er fliegt auf
meinen Kopf. Er schön singen.

Unsere Fische

Mein Papa hat
Fische. Die Fische
im Aquarium. Da sind Pflanzen
und Muscheln. Die Fische still.
Sie blubbern. Sie bunte Farben.
Ich kann mit ihnen schmusen.